LE
PARTI BONAPARTISTE

ET SES HOMMES

PAR

UN CONSERVATEUR

PARIS

LIBRAIRIE ANDRÉ SAGNIER

9, RUE VIVIENNE. 9

(entre la Bourse et le Palais-Royal)

—

1875

Nous avons entre les mains une très-curieuse brochure. *Le Parti bonapartiste et ses hommes*, par un conservateur, tel est son titre, et certes la bonne foi et la conviction dominent d'un bout à l'autre cet opuscule très-intéressant, dont nous n'acceptons cependant certaines appréciations générales que sous toutes réserves. On n'a jusqu'ici rien écrit, sur le parti bonapartiste, qui soit plus précis et plus frappant : c'est une véritable photographie. Le public, en pénétrant dans les coulisses d'un parti passé maître dans l'art de la mise en scène, pourra juger que la moralité de la fable « des bâtons flottants » trouve encore ici sa juste application.

Le Bonapartisme dévoilé ! Tel aurait dû être le titre de cet opuscule qui vient de paraître chez l'éditeur **André Sagnier.** Il n'y a pas à s'y méprendre, l'auteur devait être, sous l'Empire, un autoritaire de la plus belle eau et qui bâillonnerait d'enthousiasme, encore aujourd'hui, « les libertés nécessaires », comme il les appelle.

Le charlatanisme de quelques ambitieux, voilà le fond du sac de ces capteurs habiles du suffrage universel et de ces naïfs inconscients, qui se meuvent dans la politique comme des hannetons dans un tambour. Nul doute que cet opuscule, dont la forme ne manque pas d'élégance, ne soit curieusement lu par tous les partis, au grand scandale des augures de la rue de l'Élysée, peu habitués à voir discuter leurs oracles autrement que par des adversaires trop passionnés.

Paris. — Imp. Richard-Berthier, 18-19, pass. de l'Opéra.

LE

PARTI BONAPARTISTE

LE
PARTI BONAPARTISTE

ET SES HOMMES

PAR

UN CONSERVATEUR

PARIS
LIBRAIRIE ANDRÉ SAGNIER
9, RUE VIVIENNE, 9
(entre la Bourse et le Palais-Royal)

—

1875

Paris. — Imp. Richard-Berthier, 18-19, pass. de l'Opéra,

LE PARTI BONAPARTISTE

ET

SES HOMMES

« Napoléon !... avec la marge que donne un tel
« nom, malgré le souvenir des fautes et des mal-
« heurs qu'il réveille, on peut tout tenter, tout
« espérer ! » Ainsi s'exprimait M. Rouher au com-
mencement de 1872, alors que l'ancien état-major
impérial n'osait rêver lui-même la restauration d'une
dynastie qui est la cause originelle de tant de
désastres.

L'ancien ministre d'État était dans la vérité. Il
jugeait bien le tempérament d'un peuple que la
puissance des mots captive toujours, et qui, resté
ébloui par le premier Empire, est encore lié au souvenir récent de la prospérité matérielle du second par
les forces occultes de l'imagination et de l'intérêt in-

dividuel. Aussi, comme en politique la réaction dépasse souvent l'action, peut-on présumer aujourd'hui, sans heurter les vraisemblances, que devant la révélation des forces latentes sur lesquelles elle eût pu s'appuyer, la restauration de Napoléon III, s'il eût vécu, serait un fait accompli.

Aujourd'hui, le jeune Prince, qui porte à la fois le passé et l'avenir de la dynastie, a le rare bonheur de se trouver l'héritier des deux légendes bien différentes léguées par les deux Empires; et ces légendes, en frappant l'imagination et les intérêts de cette grande société française, deviennent, entre les mains d'un parti, un levier puissant pour agir sur les masses.

La légende du premier Empire est faite de gloire et de conquêtes, et l'imagination populaire ne conserve plus aujourd'hui que le souvenir — dégagé de ses fautes — de ce demi-dieu qui, ne parlant jamais que d'*étoile*, de *coups de foudre,* a ébloui le monde par ses actes. Cette légende flatte l'orgueil d'une génération dont le tempérament est aujourd'hui profondément modifié par le bien-être et la richesse, et elle demeure, au foyer domestique, comme ces portraits d'ancêtres guerriers qui ont autrefois illustré la famille.

La légende du second Empire, habilement présentée, répond au contraire aux mœurs et à tous les instincts d'une génération que dominent les intérêts et les appétits matériels : *c'est la légende de la prospérité*.

Ici, le bonapartisme est essentiellement pratique. Il sait que le drapeau d'Iéna et de Solférino affaiblirait peut-être sa thèse en ramenant fatalement la pensée vers Sedan. Aussi, n'est-ce plus le décor splendide de l'épopée impériale qu'il présente aux yeux du pays, mais le rideau seul du théâtre couvert d'annonces et de prospectus. En n'observant que les grandes lignes du terrain où se meuvent aujourd'hui tous les partis, il est de toute évidence que ce terrain se prête merveilleusement aux espérances et aux calculs du parti bonapartiste, dont la propagande s'appuie, en effet, tout à la fois, sur l'imagination et sur l'égoïsme.

NAPOLÉON III & LA FAMILLE IMPÉRIALE

Napoléon III — comme homme et comme souverain — restera certainement l'une des grandes figures du siècle, car sa politique intérieure s'est particulièrement adaptée aux goûts et aux mœurs de son époque. Bienveillant et sympathique, rêveur et philosophe, plus faible que ne le laissent supposer certains de ses actes, il avait, comme on l'a dit justement, le pouvoir plus absolu que la volonté. Malheureusement, comme tous les taciturnes, il ne put soustraire cette volonté aux dangers des séductions de la parole de ses conseillers, dont l'influence a été la cause initiale de l'effondrement de son règne : c'est ainsi que presque tous les actes de sa politique étrangère sont restés improductifs pour la grandeur française et ont eu pour épilogue son démembrement.

La génération actuelle a conservé un sympathique

souvenir de cette physionomie douce et calme dont le calvaire de l'exil, avec ses amertumes grossies de l'injustice des passions humaines, n'a même pu troubler l'auguste sérénité. Si, pour les masses, la poésie de la fable a fait de Napoléon Ier un *demi-dieu*, Napoléon III aura conservé sur elles la puissance du *charmeur*. Aussi, après nos défaites, les populations rurales, celles mêmes qui ont été enveloppées par l'invasion, ont-elles promptement dégagé la responsabilité directe qui lui incombait cependant, et n'ont voulu chercher que dans l'impéritie, dans la trahison même, l'explication de nos malheurs.

L'Impératrice Eugénie, au contraire, n'a point occupé dans le cœur du pays la place que lui méritaient ses vertus privées, son courage et surtout le patriotisme élevé dont elle a donné tant de preuves pendant la guerre. Il est même difficile d'expliquer cette froide réserve de l'opinion dont l'Impératrice a toujours été plus ou moins l'objet. Est-ce parce qu'elle est restée absorbée dans le rayonnement de l'Empereur ? ou bien cette nationalité, si peu républicaine, se souvient-elle trop que l'ancien offi-

cier d'artillerie avait fait entrer dans le palais de nos
rois, une archiduchesse d'Autriche ? Nul ne saurait
le dire.

Les républicains poussent la folie sanguinaire
jusqu'à reprocher à l'Empereur d'avoir conservé à
la France trente mille de ses soldats qu'il eût pu
faire inutilement égorger ; mais des opinions modé-
rées regrettent que, s'inspirant de *Marie-Thérèse*,
l'Impératrice avec les troupes et les marins qui se
trouvaient à Paris, n'ait point écrasé la plus impie
des révolutions. Elle seule pourrait répondre à ces
critiques, car elle seule pourrait absoudre les capi-
tulations de conscience, les lâchetés qui firent le
vide autour d'elle et que le dossier des dépositions,
soigneusement étudié, n'absoudra jamais.

Étrange destinée que celle de cette Impératrice
abandonnée à ses seules perplexités, de n'avoir
pu trouver, auprès d'elle, l'initiative virile d'un
loyal défenseur, pour la soustraire à l'action dissol-
vante des rhéteurs affolés! La conduite du personnel
gouvernemental des dernières heures de l'Empire
est, en effet, la seule justification du 4 septembre.

Quoi qu'il en soit, et bien que de nombreuses

sympathies la suivent dans son malheur, les courants populaires, dont le suffrage universel est
l'expression, n'ont conservé de l'Impératrice qu'un
souvenir très-effacé.

Mais ce qui la frappe aujourd'hui d'une défiance
relative — surtout en face du rôle que la jeunesse de
son fils lui impose encore — c'est qu'elle porte le poids
de la responsabilité d'une guerre malheureuse. Au
Reichstag du 5 décembre dernier, M. de Bismarck
ne vient-il pas de donner à ce jugement l'autorité
d'une affirmation qui, bien que voilée, atteint encore
l'Impératrice, quand il certifie que « *la déclaration
de guerre n'est dûe qu'à l'influence de la cour
de Rome : influence exercée sur l'Empereur
d'une manière régulière ou irrégulière, mais
qui a été assez puissante pour triompher de sa
résolution de maintenir la paix.* »

Quand on observe le déchaînement des passions
politiques, quand on voit des partis irréconciliables
qu'une étincelle mettrait aux prises dans la dernière
bourgade de France, on éprouve, en présence du

Prince Impérial, une impression pénible. En face de cette jeune tête qui porte le poids écrasant d'un héritage de gloire et de douleurs, et qui est aujourd'hui le pôle vers lequel se concentrent tant d'ambitions, tant d'espérances, le patriotisme ému se demande en effet quel rôle — dans les secrets desseins de la Providence — peut être destiné à tant de jeunesse, à tant d'inexpérience?

Le Prince Impérial est un livre encore fermé. Ses goûts, ses idées, tout est inconnu dans cet adolescent qui paraît même plus jeune que son âge, bien que sa physionomie sympathique ait un cachet de fierté et de hauteur. On peut cependant affirmer, dès aujourd'hui, qu'il est doué d'une force de volonté très au-dessus de son âge, qu'il maîtrise ses nerfs et domine l'irrésistible courant de l'imagination avec un sang-froid qui a dû surprendre ses nombreux auditeurs à Chislehurst. Tous, en effet, ont pu juger, dans cette circonstance, que l'impassibilité — cette force si rare mais si puissante aux mains des conducteurs de peuples et des hommes d'action — était l'un des côtés réels de son tempérament.

Que d'hommes n'eussent pu se soustraire à cette

contagion des larmes, quand, prononçant d'une voix ferme le discours que l'on connaît, il avait sous les yeux ces vieux serviteurs, tous amis personnels de son père qui pleuraient, mais dont l'émotion avait gagné jusqu'à ces indifférents que le seul regret des situations perdues et l'espoir de les retrouver avaient réunis à eux ! En face de cet attendrissement qu'il dominait, sa voix, au contraire, avait pris un accent de virilité précoce et vraiment extraordinaire.

Curieuse journée d'ailleurs que celle du 16 mars journée pleine d'illusions pour les seuls exilés, qui ont dû juger avec le cœur une manifestation où les intérêts étaient surtout en présence. Aussi, que d'amours-propres froissés chez beaucoup de ces courtisans du malheur dont les dévouements étaient préoccupés, avant tout, d'absorber les rayons du soleil levant !

Les présomptions permettent donc de croire que le pays pourrait trouver dans le jeune Prince une personnalité sérieuse ; mais ce qui le rend déjà sympathique à l'opinion, c'est la croyance — vraie ou fausse — qu'il possède, par lui-même, une vie propre et une tendance à s'affranchir des influences

et des pressions de serviteurs que tous les partis
sont unanimes à condamner à l'oubli et au silence.

Si le prétendant, qui s'est affirmé le 16 mars, a
envisagé les devoirs qu'il contractait solennellement
vis-à-vis de tout un parti, il est alors urgent qu'il
n'amoindrisse pas ce grand acte et qu'aux yeux du
pays, il prenne enfin la direction suprême, échappée
par la mort des mains de son père. Le lointain seul
peut lui faire illusion sur l'importance des hommes,
mais la grande œuvre qu'il poursuit ne saurait être
— sans dommage pour elle — déléguée plus longtemps â des mandataires qui n'inspirent au pays
qu'une défiance méritée.

Quant au Prince Napoléon qui, jusqu'ici, n'a pas
trouvé la place d'une ambition certainement égale
à sa vaste intelligence, l'avenir lui réserve prochai-
nement une entrée en scène qui sera saluée par
bien des colères et par bien des déchirements. Nul
doute, en effet, qu'avec la marge que donne le nom
de Napoléon — comme le dit si bien l'augure de la
rue de l'Elysée — le suffrage universel s'inquiète

peu des noms de baptême, et n'envoie le Prince
Jérôme à la future assemblée, où sa présence apportera de gros imprévus. Sous la pression de la politique trop personnelle de son chef officiel, les bonapartistes, du reste, ont manqué de mesure et de tact
dans l'appréciation des actes de ce prince, qu'il eût
été prudent de couvrir d'un silence systématique.
Pour quiconque, en effet, connaît ce parti, dans ses
compétitions et ses besoins, il n'est pas douteux que
la disparition du Prince Impérial ne le jetterait dans
les bras du gendre du roi d'Italie, dont le cynisme
d'ailleurs comprendrait merveilleusement cette con-
version : l'avenir dira bientôt si le Prince Napoléon
n'est pas destiné à devenir le plus dangereux adver-
saire du parti conservateur et de la modeste cour de
Chislehurst !

LE PERSQNNEL DIRIGEANT

La figure la plus en vue est celle de l'ancien ministre d'État, M. Rouher, et, pour la mettre en pleine lumière, l'écrivain se sent à l'aise. Ses jugements ont en effet l'inflexible autorité des faits, car la vie de cet homme politique est un livre ouvert à l'impartial examen des contemporains. Comme l'ancien ministre est d'ailleurs l'incarnation même du caractère et de l'esprit étroit du bonapartisme militant qui, sous son impulsion, s'agite à Paris, l'étude de cette physionomie peu sympathique éclairera l'état-major, qui n'est qu'une réduction *Colas* des défauts et surtout des qualités du maître.

M. Rouher, c'est en effet le passé du second Empire dans ses seules tristesses ; c'est la voix qui défendait l'expédition du Mexique, mais qui avait le triste courage de repousser l'intervention armée de l'Angleterre en faveur de notre vieil allié, le Danemarck ; c'est le mauvais génie qui enlaçait notre politique dans un réseau de doctrines nouvelles et spécieuses qui, sous la pompe des grandes formules « *de nationalités*, de *non-intervention*, de *grandes agglomérations*, » devaient préparer l'abdication et le démembrement de notre patrie.

Cet homme d'État dominateur a été la cause initiale de nos désastres, car c'est lui — lui seul — qui, pour le triomphe de sa politique commerciale dont la guerre pouvait compromettre ou ajourner les effets, est resté sourd au canon de Sadowa et a paralysé les décisions premières de l'Empereur. En vain, M. Drouyn de L'Huys insista-t-il pour la création immédiate d'un camp sur le Rhin et pour un emprunt de 500 millions, il dut se retirer pour laisser aux mains de l'homme « *aux angoisses patriotiques* » la conduite vers l'abîme de notre pays.

Qui peut, en effet, avoir perdu la mémoire de la théorie des trois tronçons et de cette trop fameuse circulaire signée Lavalette ?...

Sous l'Empire, M. Rouher a été un orateur un peu pompeux, mais de premier ordre, rien de plus.

Les événements, depuis, ont prouvé qu'une galerie de choix était d'ailleurs nécessaire à ce grand acteur, dont le talent spécial ne saurait se mouvoir sur le vaste terrain de l'opposition ; aussi son rôle au Parlement est-il stérile, car l'ampleur d'un tempérament révolutionnaire, qui lui fait absolument défaut, eût pu seul dominer les antipathies générales dont il est l'objet.

Absence de toute élévation dans le caractère ; ignorance de cette dignité délicate qu'une éducation première distinguée fait seule éclore, et qui est à la fois la parure et l'armure de l'homme politique : tels sont les traits dominants d'un homme qui, par son talent et son goût pour le travail, eût été un « ministre d'affaires » sans rival. L'ancien ministre n'a de plus aucune des qualités nécessaires pour conduire un parti remuant et impatient. Il n'est qu'un chef honoraire, discuté par les uns, repoussé par les autres, mais certainement sans prestige sur la masse du parti qui grandit en dehors de son influence, dont l'action a pour limites le groupe parlementaire et les divers comités de Paris.

Sous l'apparente bonhomie et le laisser-aller du

député de la Corse se dissimule cependant une très-grande vanité ; et les portes des salons de la Présidence — qu'il n'a jamais franchies — sont trop basses pour la hauteur de son orgueil. *Monsieur le Ministre !* tel est le titre qu'il n'a pas voulu abandonner et que lui donnent ses familiers, ses courtisans et tous ceux qui l'approchent.

Aussi, dans ce salon de la rue de l'Elysée, meublé des épaves du passé et qui offre souvent un piquant musée « *des refusés du suffrage universel,* » la pensée évoque-t-elle involontairement, mais ironiquement, la grande ombre du duc de Morny ! Cette évocation devient même poignante, quand on se souvient de cette défaillance inqualifiable que l'habileté du langage ne sut même pas voiler, mais dont fit preuve l'ancien ministre, *dans cette séance du Sénat du 4 septembre qu'il présidait*, et qui restera la marque indélébile dont son caractère est historiquement marqué !

Cette séance, dont il abandonna la présidence, montre l'homme d'État et l'homme privé avec toutes les faiblesses de sa nature originelle dont ne purent triompher ses collègues *Baroche*, de

Mentque, Chabrier, de *Ségur d'Aguesseau*. L'histoire doit retenir les noms de ces dignitaires, car la vision du Sénat du premier Empire leur apparut peut-être dans ce moment suprême, et cè furent les seuls grands cœurs du Sénat du second Empire.

Que le Prince Impérial se pénètre de cette séance, qu'il la lise surtout entre les lignes, et il en tirera une moralité bien autrement instructive que celle qui se dégage de la manifestation de Chislehurst !

Cette manifestation, qui eut un cachet de grandeur indiscutable, mais dont l'initiative appartient exclusivement à l'ancien président du Sénat, est la seule note peut-être qui soit en désaccord avec l'harmonie générale de ses idées et de ses procédés. C'est là une anomalie qu'il faut accepter, sans chercher à l'expliquer, chez un homme qui, par tous les organes de publicité dont il dispose, proclame cependant que « *la politique des intérêts a pris, dans la société moderne, la place de la politique des sentiments ;* » doctrine radicalement fausse, au point de vue surtout des traditions qui lient les masses à la dynastie Impériale ; et c'est pourtant dans le cerveau de l'homme politique, qui n'a jamais eu le moindre penchant pour la politique sentimentale, qu'est née la pensée d'un pélerinage !

La faiblesse du parti impérialiste, c'est de n'avoir pas à sa tête — un grand seigneur taillé sur les grandes lignes d'un duc de Morny ou d'un duc de Larochefoucauld-Bisaccia. Ce sera, du reste, l'éternel honneur de la légitimité d'avoir été entourée, jusqu'à la dernière heure, par des hommes qui luttent contre les circonstances, les préjugés et l'opinion publique, mais dont la dignité, le *désintéressement* et la vieille fidélité méritent qu'on les salue respectueusement. Enfermé dans ses principes comme un chevalier dans son armure, le comte de Chambord tombera en effet — s'il doit disparaître — mais avec l'orgueil d'avoir été servi, jusqu'à la dernière heure, par des hommes qui ont su porter noblement et fièrement son drapeau.

Et dire qu'une alliance — hélas trop fugitive — a réuni cependant un jour les états-majors de la Légitimité et de l'Empire, mais que les bonapartistes n'ont pas voulu comprendre — au point de vue conservateur — quelle force morale ils empruntaient à leurs alliés dans une coa-

lition seulement compromettante pour ces derniers !
Coalition qui donnait cependant à M. Boffinton
l'entrée du Parlement !

L'épisode du comité Stoffel, présidé par le duc
de Larochefoucauld, ne sera pas l'une des pages les
moins curieuses de l'histoire de ces temps troublés.

La personnalité de l'ancien Président du Sénat
écrase et absorbe naturellement les naufragés qui
s'agitent autour de lui ; seulement, il est difficile de
trouver une représentation politique plus terne que
ce groupe indiscipliné et envieux qui, sous l'éti-
quette parlementaire de l'*appel au peuple*, est formé
des médiocrités les moins laborieuses de l'Assemblée : une seule figure sympathique, celle de M. Ga-
vini, s'en détache peut-être. Ce groupe ne jouit
d'ailleurs, dans le Parlement, d'aucune estime,
parce que dans la vie parlementaire — et en dehors
de toute opinion — il y a un terrain qu'il ne faut
jamais déserter, celui de la dignité personnelle. Or,
le groupe de l'appel au peuple a, dans toutes les
circonstances, montré une pusillanimité qui n'a d'é-
gale dans aucun parti, et qui autorise toutes les
audaces de ses adversaires.

*Ayez au moins la pudeur du silence, au banc
des Bonapartistes !* Qui relevait, il y a dix-huit
mois, cette insulte par les armes ? Un journaliste du
Pays.

« *Nous vous imposerons silence un jour !* »
Cette interruption heureuse, parce qu'elle rentrait
dans la tradition autoritaire de l'Empire, et répon-
dait aujourd'hui à tout un courant d'opinion, était
promptement rétractée par l'ancien préfet de Mar-
seille, M. Levert, auquel un légitimiste, M. de
Gavardie, devait bientôt donner une sanglante
leçon, en acceptant pour lui-même la responsabilité
d'une interruption faite par un bonapartiste. Inutile
d'ajouter que l'auteur réel de la première interruption, M. Duchaussoy, gardait prudemment le silence.

Enfin, le fameux mot « *misérables* », qui souf-
flettait tout un parti, n'a pas même trouvé un seul
courage à la hauteur de l'insulte; et cependant ce
même mot, échappé au général *Foy*, le conduisait
autrefois sur le terrain en face d'un député de
l'extrême droite.

Certes, quand les hommes qui portent le drapeau

d'un parti, dont ils ont l'ambition d'être les chefs, sont oublieux à ce point de leurs devoirs et de leur dignité, il n'est pas surprenant que les violents et les déclassés de ces partis relèvent le défi et transportent l'agitation du parlement dans la rue. Le dédain est une arme à deux tranchants, et les trembleurs, qui tinrent conseil le soir même rue de l'Élysée, porteront toujours le poids des transactions inavouables dont ils ont donné l'écœurant spectacle à tous les partis.

Cette conduite peu virile devait avoir son châtiment immédiat, car les incidents de la gare Saint-Lazare, qui en étaient la conséquence, ont eu, pour premier résultat, de jeter la défiance dans cette population parisienne, ombrageuse et susceptible, qui n'a pas perdu la mémoire de la *Société du Dix-décembre*.

Dans le haut personnel et dans un groupe considérable dont les impatiences sont justifiées par des intérêts en souffrance, on regrette encore que la direction du parti n'ait point été laissée aux mains

d'un homme d'initiative et d'action que les circonstances, comme le passé, semblaient imposer dans
la personnalité du général Fleury. Le procès d'Ar-
nim, — en mettant en lumière des relations dont
l'objet ne saurait être douteux, — ravivera certainement encore ces regrets justifiés. En dehors des
bonapartistes, l'opinion générale reconnaît, en effet,
que ce vieil ami de l'Empereur allie, à la souplesse
et au tact du diplomate, des qualités naturelles qui
conviennent merveilleusement à un chef de parti :
homme de plaisir et de représentation, il exerce une
séduction réelle sur ceux qui l'approchent, en les
enveloppant d'une affabilité qui lui donne facile-
ment la clef de leurs pensées. Chargé par l'Empereur d'une mission très-délicate auprès de M. Thiers,
il a laissé, dans l'esprit de l'ancien Président, une
opinion qui a trouvé de nombreux échos, et qu'il
traduisait familièrement en disant que « *le général
Fleury était le seul homme que possédât le
Bonapartisme.* »

Il est vrai que le souvenir de certaine lettre sans
pudeur que M. Rouher lui avait personnellement
adressée, lors de son arrestation à Boulogne, lettre
que l'ancien président eut la générosité de ne point

rendre publique, même après les arrogances du lendemain, justifie peut-être une affirmation trop absolue.

Quoi qu'il en soit, depuis la mort de Napoléon III, l'ancien grand écuyer n'a qu'un rôle très-effacé, au milieu des hommes d'affaires et des importants du grand état-major bonapartiste, auquel il donne vainement l'exemple de la discipline et de la modestie.

L'ancien ministre d'Etat, malgré l'autorité de son passé et sa connaissance des affaires, domine en effet très-difficilement le noyau parlementaire de l'appel au peuple, dont les jalousies et les divisions s'accusent dans tous les scrutins. Aussi, pour convaincre à son sentiment ces vingt-deux députés dont quelques-uns se dérobent toujours, est-il réduit, parfois, à des expédients inavouables et compromettants. Il est, en effet, parfaitement vrai que pour les entraîner à voter contre le Septennat, l'une des épreuves photographiques d'une lettre de l'Impératrice à M. *Duvernois* — épreuve que la corruption lui avait seule permis d'acquérir — a été le suprême argument de l'insistance du député de la Corse.

En réalité, la seule personnalité affirmative et vraiment sympathique de l'impérialisme, celle qui, dans cette campagne de restauration, a un poids réel sur l'opinion, c'est M. *Paul de Cassagnac*. A l'heure actuelle, l'impérialisme n'a pas un homme dont la popularité, conquise au grand soleil du courage et du talent, lui ait été plus utile. Les masses sont, en effet, toujours accessibles aux qualités comme aux défauts du fougueux polémiste qui est, à la fois, un tempérament, un caractère et une force.

M. Paul de Cassagnac s'est soustrait à toute influence des Burgraves de la rue de l'Elysée. Le journal qu'il dirige fait hardiment campagne en dehors des inspirations auxquelles obéit la presse exclusivement bonapartiste. L'*Ordre* et le *Pays* ne se font jamais d'emprunts mutuels, et les antipathies réelles de personnes sont seulement tenues en bride par l'impérieuse nécessité de la discipline. Comme un boulet, le rédacteur du *Pays* va droit au but, sans s'inquiéter des opinions qu'il renverse sur son passage, car ce n'est l'homme ni des transactions ni des flatteries.

Aussi, est-il plus redouté qu'aimé de l'état-major

du parti, qui entoure son nom d'un silence systé-
matiquement étudié. Le signataire du fameux arti-
cle « *députés et journalistes* », que la fanfaron-
nade des premiers rend d'une actualité quotidienne,
est, en effet, jugé *compromettant* et sans *portée
politique* par les nombreux ministres de l'avenir
impérial, prodigues de formules variées, pour éti-
queter les initiatives qui naissent en dehors de leur
action. Hier, c'était la sentinelle perdue, le tirailleur
du parti; aujourd'hui, le rédacteur en chef du *Pays*
n'est plus que l'homme *satisfait* qui endort molle-
ment dans le Septennat une ambition, n'attendant
que de l'imprévu et des années le vent qui doit la
pousser : *ad alta* et *super alta !*

En dehors de ces trois personnalités : M. *Rouher*,
le *général Fleury* et M. Paul *de Cassagnac*, l'observateur ne rencontre plus, à tous les degrés de
l'échelle sociale et politique du parti Bonapartiste
militant, que de pâles clairs de lune des tempéraments de ces trois hommes.

Quant au groupe parlementaire, on sait qu'il n'a de relief que par le principe qu'il représente : aussi, est-il absolument sans crédit dans le parlement, où ses vingt-deux membres ne sauraient même jamais acquérir l'autorité morale conquise autrefois par les fameux *Cinq !* Comment enfin ne pas remarquer que la seule grande figure du dernier règne, qui lui doit d'ailleurs son réel éclat — celle du baron *Haussman* — soit dignement restée à l'écart ! C'est cependant l'ancien préfet de Paris qui est le créateur de cette *légende de la prospérité,* aujourd'hui le point d'appui du *Mazarin* de la restauration impériale !

Un fait se dégage, du reste, à propos de cette puissante individualité, c'est que, du nombreux personnel politique de l'Empire — à quelques exceptions près — il n'y a de très en évidence et toujours en scène, soit dans les salons, soit dans la rue, que des ambitions surexcitées par l'espoir de retrouver la satisfaction des habitudes et des appétits brusquement enrayés le 4 septembre.

Qu'on relise, en effet, les noms des membres les

plus distingués par la naissance, le talent et le caractère qui formaient le Sénat, le Conseil d'Etat, l'ancienne Chambre, l'administration préfectorale elle-même, de tout ce personnel enfin, modestement rentré dans la vie privée, mais auquel le mouvement impérialiste, dans les provinces, doit surtout sa véritable ampleur, et l'on trouvera aisément l'explication délicate de la différence du tempérament des uns et des autres.

LA PROPAGANDE DU PARTI

SITUATION RÉELLE

Les perquisitions faites à Paris, dans le but de saisir les traces matérielles d'une affiliation politique d'un caractère essentiellement délictueux, ont pu faire croire à l'existence de comités Bonapartistes.

Frappé, en effet, de la marche rapide d'un courant d'opinion qui semblait favorable à ce parti, le public devait naturellement croire à l'existence d'un véritable réseau qui, enveloppant le pays, avait son point central à Paris.

Le public, comme le gouvernement, est à cet égard dans une erreur relative ; mais, si l'enquête ne met très-probablement en lumière que des résultats sans portée pratique sérieuse, elle apportera du moins des faits qui infirmeront la parole d'honneur si impudemment donnée devant le Parlement par M. Rouher, en prouvant — ce qui est de toute évidence — qu'il existe à Paris un comité très-actif, dont les membres sont tous connus du public politique.

L'ensemble d'une organisation, qui comporte tous les rouages d'un gouvernement occulte, et qui pouvait produire des résultats très-pratiques, est néanmoins restée à peu près stérile, par suite de l'absence de rayonnement hors de Paris. Les événements devaient seuls déborder des hommes absolument inférieurs au rôle qu'ils assumaient, et qui n'avaient, pour le remplir, ni l'audace ni la largeur de vues nécessaires.

Le Conseil des Dix de la rue de l'Elysée est, en effet, essentiellement conservateur dans l'acception la plus matérielle que ce mot comporte. Ses membres sont tous riches, et les sentiments de conservation personnelle dominent de très-haut, chez eux, les opinions dynastiques.

Tous veulent bien jouer la partie d'une restauration impériale, mais sous la plus expresse réserve de la sécurité de leurs personnes d'abord, de leur fortune ensuite. Ledru-Rollin a pu dire : « *J'étais leur chef, je devais les suivre,* » les avocats de la rue de l'Elysée ne suivraient même pas. On peut affirmer qu'à ces heures douteuses qui sonnent lors de la chute d'un pouvoir, toutes les valises seraient bouclées et les indicateurs de chemin de fer soigneusement consultés. Ce comité ne livre donc rien à l'inconnu, et il n'y a que son respect pour la légalité qui soit égal à la crainte de tout ce qui — dans les personnes comme dans les choses — est de nature à le compromettre.

Si un comité politique, dans de telles conditions, ne saurait avoir aucune force expansive, il a cependant une action importante sur Paris, qui est le foyer même de notre centralisation administrative et militaire.

Il reçoit les fonds qui proviennent de dons volontaires et de Chislehurst. C'est ainsi qu'il subventionne ses candidats et qu'il assure, surtout, le service de la presse, auquel M. Rouher, qui est le grand ordonnateur, attache une importance spéciale. Aussi, est-ce lui qui inspire directement les écrivains qui, dans son contact quotidien, s'assimilent jusqu'aux formes de sa pensée.

Le Comité central s'occupe surtout d'enserrer Paris dans les liens d'une propagande dont l'objectif serait, dans une heure de crise, d'obtenir dans la capitale un pronunciamento qui, s'il se produisait, aurait un sérieux écho dans les départements. M. Rouher, qui est à la fois l'âme et le bras du Comité, y consacre sa profonde connaissance des ressorts d'une centralisation qu'il possède à fond.

Tous les filons, qui peuvent conduire jusqu'au cœur même de l'Internationale, sont habilement suivis par la propagande Bonapartiste, et c'est le travail souterrain qui coûte le plus de frais au parti, parce que cette prédication de la démocratie césarienne, dans les ateliers et dans les quartiers populeux, n'est pas exempte de difficultés.

C'est peut-être la plus grande illusion qu'ait l'état-major Bonapartiste de croire à des sentiments de réaction dans les masses ouvrières. Jules Amigues, qui écrivait tant de lettres pressantes à la rue de l'Elysée, pour prolonger de quelques jours l'exis-

tence de « l'*Espérance du Peuple* », pourrait affirmer cette vérité. Un général, qui a entrepris la
reconstruction des cadres de l'ancienne *Société du
Prince Impérial*, et dont beaucoup d'ateliers de
Paris connaissent la loyale physionomie, devrait
avoir lui-même peu d'illusions, si les chefs de ces ateliers lui ont ouvert leur pensée. Mais non, parce que
sept ou huit mille personnes entourent l'église Saint-
Augustin, que cette foule a surtout le cachet de la petite bourgeoisie, l'enthousiasme n'a plus de bornes !...

Et cependant l'observateur impartial analyserait
bien vite tous les éléments de cette foule, composée
d'anciens militaires, de petits commerçants, et surtout de cette légion d'anciens employés de la liste
civile, qui viennent se faire voir des anciens dignitaires pour ne pas être oubliés par eux le jour d'une
restauration.

Il y a deux ans, le 15 août, un ancien préfet était
salué avec insistance par un homme qu'il ne con-
naissait pas, mais dont la boutonnière était fleurie
par un superbe bouquet de violettes ; ce fidèle, qui
l'avait vu souvent, était l'un des anciens huissiers
du château, dont la grande espérance était de pou-

voir reprendre bientôt la belle perruque poudrée, dont l'absence n'avait pas permis de le reconnaître.

Ce que l'on peut surtout affirmer, c'est l'éloignement complet de l'élément ouvrier dans ces manifestations, qui seraient imposantes partout autre part qu'à Paris; mais, si l'on tient à faire un parallèle des forces et des tempéraments des partis en présence, que le lecteur se souvienne du deuil du fils de Victor Hugo, et qu'il compare !

La vérité, c'est qu'à Paris comme partout en France, les ouvriers, mais plus encore la grande et la petite bourgeoisie, sont absolument hostiles à l'Empire.

Le Comité central a, dans Paris, des affiliations dans tous les quartiers, mais ce que ses membres ignorent, c'est le travail souterrain dont leur président, M. Rouher, est la cheville ouvrière.

Ce travail, c'est celui d'une diplomatie occulte parfaitement installée, et qui a pour grand-maître l'ancien préfet de police Piétri, auquel viennent se relier des personnalités de l'ancienne préfecture de police et vraisemblablement plusieurs agents de l'administration actuelle.

C'est là, du reste, une des plus tristes conséquences de la situation politique, d'ouvrir aux
consciences troublées et aux ambitions peu scru-
puleuses des perspectives qui prêtent à l'Impérialisme des points d'appui d'une moralité fort dou-
teuse, mais parfaitement efficaces.

M. Rouher a ainsi l'œil sur tous les engrenages,
même les plus secrets du gouvernement; car, comme
l'a fort justement dit le *Moniteur universel*, au
sujet de l'évasion *Bazaine* : « *A tous les degrés*
« *de l'administration et des services publics, on*
« *veut se ménager l'avenir, et le Gouvernement*
« *n'a de concours que là où il n'est pas en con-*
« *currence avec les promesses et les cupidités*
« *des partis qui lui sont contraires.* » C'est par
pur parlementarisme que le *Moniteur* parle « *des*
partis, » car il n'y en a qu'un seul auquel ses ré-
flexions soient vraisemblablement applicables.

Bien que les perquisitions aient été mal com-
binées, l'enquête donnera cependant une idée su-
perficielle de l'importance du réseau que la police
de M. Rouher a jeté sur la capitale et sur le gouvernement. M. Piétri a élevé, sous ce rapport, l'es-

pionnage à la hauteur d'une institution. Une police secrète, dont les membres sont payés plutôt en espérances qu'en bénéfices immédiats, fonctionne avec la régularité d'un rouage gouvernemental, et les hautes sphères, comme les bas-fonds de la population parisienne, sont soigneusement exploités.

L'ancien Préfet de police dont la déposition, dans l'enquête du 4 septembre, restera l'une des curiosités burlesques de cette triste journée, a trop d'idées pour être un homme d'action — on le sait —, mais son rôle est important sur un terrain dont son ancienne administration lui a permis de connaître toutes les sinuosités.

Cette organisation occulte donne peut-être l'explication de la suspicion mutuelle des bonapartistes entre eux. Ils sont en effet — sinon défiants — du moins jaloux les uns des autres à un degré qui prête parfois à bien des commentaires, car il y en a peu dont les sentiments soient bienveillants pour leurs correligionnaires politiques. Aussi, une restauration impériale trouverait-elle, dès les premières heures, les plus sérieuses, difficultés dans un personnel aigri, chagrin, mais dont les rancunes et les prétentions sont sans limites : personnel dont les services rendus sont, d'ailleurs, plus bruyants qu'effectifs.

L'activité politique du parti se trouve donc exclusivement concentrée à Paris. Dans les départements, le rayonnement de quelques Bonapartistes sans attaches sérieuses avec la capitale établit bien quelques courants d'opinions, qui pénètrent dans les masses rurales, dont les aspirations impérialistes sont platoniques par tempérament, mais ces courants s'affaiblissent chaque jour, parce que la lassitude gagne les individualités isolées qui les font naître.

Il est cependant positif que l'absence d'unité et d'intelligence pratique du Comité central sont les plus sérieuses causes de la faiblesse du mouvement dans les provinces. Aussi, l'enquête ne trouvera-t-elle pas, dans le Comité central, le caractère d'affiliation d'une société politique, car il n'existe à aucun degré.

Dans quelques grandes villes, cependant, il y a des groupes composés de quelques personnes, n'ayant d'autre trait-d'union qu'une communauté d'intérêts politiques, qui les rassemble très-accidentellement. Mais ces groupes ne comportent, à aucun égard, les attributions qui incombent à des comités, dont l'initiative s'appuierait sur une organisation pratique que l'argent pourrait seul asseoir.

Si l'Empereur — ce qui est vrai — valait beaucoup mieux que son entourage, on peut affirmer aujourd'hui que cette situation n'est point améliorée. La violence de la presse Bonapartiste n'a d'égale que celle de la presse radicale, et sa polémique, qui ne ménage aucune opinion politique, froisse et éloigne bien des conservateurs qu'il eût été possible, avec une tactique plus habile, de faire rentrer dans le courant d'une restauration impériale. Une presse de combat, qui est prodigue d'insultes et qui abandonne trop souvent le terrain des principes pour choisir celui des personnes, n'a plus de force expansive, et son prosélytisme est stérile.

Aussi, en dépit des organes nombreux de publicité que possède le Bonapartisme, l'opinion reste-t-elle stationnaire, malgré des apparences très-spécieuses qui peuvent tromper l'observateur superficiel. Cette erreur d'optique dans le jugement de beaucoup provient surtout de l'audace, de l'intempérance de plume et de l'habileté de journalistes qui semblent avoir pris pour mot d'ordre « *que paraître être fort, c'était l'être véritablement.* »

Quant aux populations rurales, celles qui précisément sont dans l'ignorance complète des journaux, des choses et surtout des hommes du Bonapartisme militant, ces populations sur lesquelles la doctrine de l'appel au peuple semble compter quand même, il faut les juger de Paris sans en connaître la mobilité, le tempérament et les mœurs, pour affirmer leur conquête. L'élection du *Pas-de-Calais*, toute fraîche encore, peut donner à réfléchir aux doctrinaires du Bonapartisme.

Le dernier triomphe des candidats vraiment dynastiques a été couronné, en effet, par le succès de l'élection du Calvados. Mais, après la lecture de la profession de foi de M. *Delisse-Engrand*, dont le drapeau est si bien voilé qu'on n'en distingue pas les couleurs, il faut tout l'aplomb de l'esprit de parti pour revendiquer cette nomination au crédit exclusif d'une restauration impériale.

Et cependant, dans ce département que l'on donne comme inféodé à l'Empire, il n'y a eu —

sur *158,000 votants* — qu'une majorité de 10,000 voix contre un candidat qui *protestait surtout avec violence* contre le dernier règne. Devant cette élection vraiment plébiscitaire, le Pas-de-Calais offrirait donc *cette formidable minorité de 74,000 suffrages contre une restauration Impériale :* que serait-ce donc dans les départements du midi, dans ceux de l'est surtout?

Les populations rurales n'ont, par elles-mêmes, aucun ressort, elles n'ont aucune force motrice et appartiennent d'avance à celui qui oserait les prendre. Aujourd'hui, elles plébisciteraient le Maréchal et demain la République, si cette dernière forme de gouvernement faisait sentir sur elle « *ce principe d'autorité* », dont l'Empire a si peu le monopole qu'il n'existait plus les dernières années du règne. Les courants républicains pénètrent d'ailleurs chaque jour davantage ces populations, et il faut être profondément ignorant des choses de la campagne pour ne pas juger, d'une année sur l'autre, le terrain réellement gagné par leur marche incessante.

Aussi le public se fait-il d'étranges illusions quand il porte au crédit exclusif de l'impérialisme le succès de la candidature du duc de Mouchy.

Ce succès n'est, en effet, qu'un légitime hommage rendu par des populations reconnaissantes à un grand nom, à une grande et riche famille, mais nullement une manifestation politique : *légitimiste* ou *orléaniste*, le succès du duc de Mouchy était assuré quand même par sa grande notoriété provinciale : telle est la vérité.

Le jeu du Bonapartisme, a écrit avec raison M. Laboulaye, c'est « *d'absorber le parti conservateur, afin de se présenter aux élections sous ce titre respectable.* » Ce qu'il aurait pu ajouter, c'est que, pour atteindre ce but, il n'hésite plus aujourd'hui à tromper l'opinion en déguisant ses candidats en *septennalistes*, et que sa polémique démoralisante alarme l'industrie, sème la défiance et la haine dans les classes et mine sourdement le septennat, dont il est le plus irréconciliable ennemi.

Aussi, tout autant qu'au radicalisme, est-ce à ce parti qu'incombe aujourd'hui la plus lourde responsabilité de l'arrêt de notre rénovation politique et commerciale.

Le Bonapartisme sait trop bien, en effet, qu'un

gouvernement — monarchie ou république — qu'il ne serait plus permis de discuter légalement, serait la ruine de ses espérances et absorberait les cadres d'un personnel que l'incertitude, seule, tient en éveil. Aussi, prend-il pour axe de sa politique « *la prolongation systématique du provisoire* » en exploitant, comme auxiliaires de ce programme, la révolution sociale et le dénigrement, sans limites, des fractions diverses du grand parti conservateur.

Par leur polémique violente — polémique dont ils subiront le châtiment aux premières élections — les Bonapartistes, grisés par un conconrs de circonstances inespérées, se sont non-seulement isolés, mais encore créé des adversaires implacables dans les légitimistes et les orléanistes. Cette situation périlleuse pour eux, puisqu'elle écarte toute coalition électorale, prépare à l'Impérialisme, qui s'est volontairement fait le grand diviseur du parti conservateur, les déceptions les moins prévues, mais les plus méritées. Que ce soit, en effet, avec le scrutin de liste ou avec celui d'arrondissement — ce dernier leur serait moins favorable — la députation Bonapartiste, bien que plus nombreuse dans la prochaine Chambre, n'aura plus, pour le pays et pour le gouvernement, le poids que l'émiettement des partis lui donne aujourd'hui dans l'Assemblée.

Dans de telles conditions, il est peu probable qu'une restauration impériale sorte de l'inconnu que réserve un avenir prochain, et quand la République — gouvernement de fait — aura vécu jusqu'à l'expiration du septennat, il est présumable que les intérêts, les affections, et surtout les habitudes laissées derrière lui par un règne de dix-huit ans, ne seront plus alors les véhicules naturels que le courant de la propagande Bonapartiste trouve encore aujourd'hui.

Les votes du 24 mai, puis du 18 novembre, ont en effet frappé plus directement peut-être le parti Bonapartiste que la mort même de l'Empereur; et, certes, l'incapacité du groupe parlementaire ne devait pas atténuer ce malheur.

Quelle arme, s'ils savaient la manier, dans les campagnes, si jalouses aujourd'hui de leurs franchises municipales — auraient en effet les républicains, en combattant seulement le Bonapartisme avec les votes de ses représentants : la loi des maires, entre autres, qu'ils votaient avec le gouvernement, *afin d'obtenir de lui la livraison de 300,000 portraits photographiques du prince Impérial.*

Aussi cherche-t-on vainement quelle porte légale pourrait s'ouvrir pour donner entrée à une restauration, dont l'éventualité ne saurait être entrevue aujourd'hui qu'après bien des expériences désastreuses et sanglantes.

L'appel au peuple, en effet, est une doctrine gouvernementale que tous les partis repousseront longtemps, s'ils doivent s'y rallier quelque jour : mais cette doctrine offre — après le vote de déchéance — la possibilité légale de couvrir la défense de la dynastie Napoléonienne : rien de plus.

Cette théorie, d'ailleurs, devient, dans la pratique, un véritable trompe-l'œil pour l'opinion, car elle produit des conséquences électorales qui prêtent justement le flanc aux interprétations les plus opposées. Aussi l'imposante minorité donnée au général Bertrand — la seule personnalité vraiment affirmative qui ait porté le drapeau du parti — a-t-elle produit une impression bien autrement sérieuse que les majorités réunies remportées par des candidats qui ne sont ni oiseau ni souris, et qui ne se

compromettent certes pas en s'engageant « *à ré-*
« *server à la nation, à l'expiration du Septennat,*
« *le droit de choisir son gouvernement.* »

La subtilité n'est pas la force et n'en impose
qu'aux naïfs ; mais compter les voix des derniers
candidats de l'appel au peuple à l'avoir du Bonapartisme n'a son explication naturelle que dans les
exigences de la réclame et de l'esprit de parti.

La vérité, c'est que le parti Bonapartiste est aujourd'hui absolument flottant, sans point d'appui,
mais que, grossi surtout par les conservateurs qui
ne sentent l'autorité nulle part, il obtiendrait encore,
dans un plébiscite, une majorité dont il est difficile
d'apprécier l'importance : *importance qui aurait tou-*
jours un intérêt capital en matière constituante.

Les fautes commises par sa représentation parlementaire, qui est également oublieuse des traditions
Napoléoniennes et du caractère national, ont
compromis pour longtemps sa restauration ; c'est
un parti qui a un corps, mais auquel manquent
la tête et les bras.

L'impérialisme est donc condamné pour de lon-
gues années à ne compter sur l'échiquier politique

que comme parti d'opposition ; mais, qu'on ne s'y trompe pas, le jour où un gouvernement fort étoufferait les libertés nécessaires dans le principe d'autorité, ce jour-là, l'éventualité d'une restauration impériale échapperait aux prévisions les plus intéressées.

L'ancien Président du Sénat, toujours ministre d'une petite église dont les fidèles seraient chaque jour plus rares, deviendrait alors le Berryer d'une restauration impériale; mais ni lui ni la génération qui a subi la perte de l'Alsace et de la Lorraine ne salueraient le retour plébiscité du *quatrième Napoléon!...*

Paris. — Imp. Richard-Berthier. 18-19, pass. de l'Opéra,